LA
CINQUANTAINE,
PASTORALE.

manquent les pages 27. à 28 & cependant complet

LA CINQUANTAINE, PASTORALE EN TROIS ACTES;

Représentée devant LEURS MAJESTÉS, à Marly, en Octobre 1778.

DE L'IMPRIMERIE

De P. R. C. BALLARD, seul Imprimeur pour la Musique de la Chambre & Menus-Plaisirs du Roi, & seul Imprimeur de la Grande-Chapelle DE SA MAJESTÉ.

M. DCC. LXXVIII.

Par exprès Commandement de SA MAJESTÉ.

Le Poëme eſt de M. Desfontaines, Cenſeur Royal, & Sécretaire Ordinaire de MONSIEUR.

La Muſique de M. de Laborde, premier Valet-de-Chambre-ordinaire du feu Roi.

Les Ballets ſont de la compoſition de M. Gardel, Maître des Ballets de SA MAJESTÉ, en ſurvivance.

ACTEURS DES CHŒURS.

LES DEMOISELLES.

Camus.	d'Hauterive.
Dumas.	Duſſé.
Dubuiſſon.	Gavaudan, *cadette.*

LES SIEURS.

Puceneau.	Buquet.
Le Roux.	Couſſi.
Tourette.	Marcou.
Parent.	Méon.
Abraham.	Cauchoix.
Surville.	Puteau.
Larlat.	Candeille.
	Cavalier.

PERSONNAGES DANSANS.

ACTE PREMIER.

BERGERS.

Le Sr. NIVELON.

Les Srs. Doſſion, Caſter, Olivier, Giguet.

BERGERES.

Les Dlles. ASSELIN, THÉODORE.

Les Dlles. Coulon, Lafond, Courtois, Camille.

PASTRES.

Le Sr. MARCADET.

Les Srs. Barré, Largilliere, le Roy 2me. la Haye.

La Dlle. PESLIN.

Les Dlles. Crépeaux, Courtois, Éliſe, Grenier.

SECOND ACTE.

NOBLES.

Les Srs. GARDEL, l. GARDEL, c. VESTRIS, fils.

Les Srs. Leger, de Laval, Rogier, Aubry, Simonet, Rivet, Ducheſne, Lebel.

BERGERES.

La Dlle. DORIVAL.

Les mêmes du premier Acte.

TROISIÈME ACTE.

NOBLES.

Les Srs. VESTRIS, FAVRE.

BALLET.

Les mêmes du second Acte.

DAMES.

Les Dlles. HEINEL, TARLAY.

Les Dlles. Thevenet, Delfévre, Gaudot, Bigotini, Puisieux, Richet.

BERGERS ET BERGERES.

Le Sr. GARDEL, l. la Dlle. GUYMARD.

PASTRES.

Le Sr. D'AUBERVAL, la Dlle. ALLARD.

MAGISTER.

Le Sr. BRETON.

MARGUILLIERS.

Les Srs. Laurent, Vaturi, Trupti.

PROCUREUR FISCAL.

Le Sr. GUILLET.

ACTEURS.

LE SEIGNEUR,	Le Sr. Le Gros.
GERMAIN,	Le Sr. l'Arrivée.
THÉRESE,	La Dlle. Le Vasseur.
COLIN,	La Dlle. Audinot.
COLETTE,	La Dlle. Cécile.
LE BAILLI,	Le Sr. Durand.

BUCHERONS, & BUCHERONNES.

BERGERS, & BERGERES.

LA

LA CINQUANTAINE, *PASTORALE.*

ACTE PREMIER.

Le Théâtre représente un bois terminé par une campagne.

SCÈNE PREMIERE.

COLIN, *seul.*

LE sommeil me fuit, je soupire ;
Je ne veille que pour souffrir :
Ah ! quelle peine ! quel martire !
S'il dure encore, il faut mourir.

Le Bailli me promet une jeune Bergere,
Qui m'aime autant qu'elle m'eſt chere,
Et juſques à ſeize ans, je dois encor hélas!
Être privé de ſes appas!

Le ſommeil me fuit, &c.

(*Le* BAILLI *traverſe la Scène :* COLIN *l'apperçoit & l'arête.*)

SCÈNE SECONDE.

LE BAILLI, COLIN.

COLIN.

AH ! de grâce, daignés m'entendre...

LE BAILLI.

J'ai souscrit à ton choix, & tu seras heureux ;
Mais je te sers de Pere, & c'est à toi d'attendre
L'instant, que j'ai fixé, pour couronner tes feux.

COLIN, *retenant le* BAILLI.

Je vous suivrai par tout.....

LE BAILLI.

Le plus doux esclavage
Détruit l'amour & la gaité.
Chanter & rire est ton partage,
Profite des droits de ton âge,
Et conserve ta liberté.

COLIN.

Rien ne peut plus calmer le feu qui me dévore....

LE BAILLI.

Pour te guérir de ce tourment,
Ta Colette est trop jeune encore,
Comme elle, tu n'es qu'un enfant,
Et je ne puis céder à ton empressement.

COLIN.

On n'est point enfant, quand on aime,
On ne l'est point, je le sens bien:
Ma Colette pense de même,
Jugés de son cœur par le mien.
Au sentiment qui nous inspire,
Pourquoi voulés-vous résister?
S'il est des loix à nous prescrire,
L'Amour seul doit nous les dicter.

LE BAILLI.

Pour user des biens qu'il nous donne,
Le ciel a marqué les instans,
On ne jouit que dans l'Automne
Des fruits qui naissent au Printems.

C'eſt, quand elle eſt épanouie,
Que la fleur doit ſe moiſſonner ;
Une roſe, trop tôt cueillie,
N'eſt qu'un inſtant à ſe fanner.

COLIN.

Vous réſiſtés à ma prière,
Mais je vais, de ce pas, m'adreſſer à Germain ;
Il chérit ma Colette, & ſon cœur, moins ſevère,
Aura pitié de mon chagrin.

(On entend un prélude.)

LE BAILLI. *(avec feu.)*

C'eſt Monſeigneur.... Crains ma colère,
Germain ne fera rien pour toi.

COLIN.	LE BAILLI.
Oui Germain ſera moins ſévère, Et ſon cœur fera tout pour moi.	Colin, Colin, crains ma colère. Germain ne fera rien pour toi.

(Colin ſort par un côté, le Seigneur arrive par l'autre, environné d'une Troupe de Payſans & de Payſannes.)

SCÈNE TROISIÉME.

LE SEIGNEUR, LE BAILLI, PAYSANS, PAYSANNES,

LE CHŒUR.

Ne quittés plus votre village,
Tous nos vœux feront fatisfaits :
Notre bonheur eſt votre ouvrage,
Nous le devons à vos bienfaits.

LE SEIGNEUR,

Ma préſence vous intéreſſe,
Et tous mes vœux ſont ſatisfaits :
Vous répondés à ma tendreſſe,
Je ſuis payé de mes bienfaits.

LE BAILLI.

Il n'eſt plus de cœur qui ſoupire,
Le ciel vous rend à nos ſouhaits.
Goutés le bonheur & la paix
Que votre retour nous inſpire.
Qu'au ſein de nos champs,
L'Aquilon déchaîne
L'orage & les vents ;
Rien n'étonnera vos enfans :
L'heureux inſtant qui vous ramène
Eſt l'aurore du Printems.

LE SEIGNEUR.

Parmi vous aujourd'hui, l'amitié me rappelle;
Vos plaisirs me sont chers, & je viens en ces lieux,
Honorer le couple fidèle,
Dont un nouvel Himen va resserrer les nœuds.

(*On entend un prélude.*)

LE BAILLI.

Déja tout le hameau s'apprête
A célébrer ces vieux Époux,
Vous daignés embellir la fête;
Quel moment, pour eux, & pour nous!

LE SEIGNEUR.

L'intérêt, que j'y mets, ne doit point vous surprendre;
Il n'est point, sans vertu, d'amour aussi constant;
Je l'admire avec vous, & je ne peux lui rendre
Un hommage trop éclatant.

(*Des Pastres viennent, en dansant, rendre hommage au Seigneur.*)

SCÈNE QUATRIÉME.

Les Acteurs *de la Scène précédente,*
Pastres.

LE SEIGNEUR.

Pour le couple adoré, que mon âme révère,
Gardés, mes chers enfans, vos transports & vos vœux.
Le mérite, caché sous une humble chaumière
A droit de fixer tous les yeux.

Dans ces agréables retraites,
Imités ces Epoux heureux;
En leur honneur, jeunes fillétes.
Commencez vos chants & vos jeux;
Au doux son de vos musétes,
Célébrés de si beaux nœuds.

LE CHŒUR.

En leur honneur, jeunes fillétes,
Commencés vos chants & vos jeux;

Au doux ſon de vos muſétes,
Célébrés de ſi beaux nœuds.

(*On danſe.*)

LE SEIGNEUR.

Laiſſés, dans vos vergers, le papillon volage,
Porter de fleurs en fleurs, ſes vœux & ſon hommage.

LE CHŒUR.

Laiſſons, dans nos vergers, &c.

LE SEIGNEUR.

En amour, un cœur inconſtant
Cherche le bonheur ſuprême;
Mais il s'abuſe lui-même,
Et jamais il n'eſt content,
Le chagrin ſuit le changement.

Laiſſés dans vos vergers, &c.

CHŒUR.

Laiſſons dans nos vergers, &c.

(*On danſe.*)

LE SEIGNEUR.

Près de nos deux Époux, il eſt tems de vous rendre :
Allés, & dans l'inſtant, j'irai me joindre à vous.

LE BAILLI.

A cet excès d'honneur ils ſont loin de s'attendre ;
Un bonheur imprévu n'en devient que plus doux.

(LE SEIGNEUR *ſort*, *& les Paſtres avec les Bergers, le ſuivent en danſant.*)

Fin du premier Acte.

ACTE II.

Le Théâtre repréſente un Hameau : ſur un des côtés on voit la ferme habitée par THÉRÈSE *& par* GERMAIN. *Celui-ci en ſort avec* COLIN *&* COLETTE.

SCÈNE PREMIERE.

GERMAIN, COLIN, COLETTE.

GERMAIN.

TENDRES appuis de ma vieilleſſe,
Ceſſés de répandre des pleurs :

(*à* COLETTE.)

Je te chéris, Colin : ton repos m'intéreſſe;
Dans mon ſein paternel dépoſés vos douleurs.

COLETTE, *montrant Colin.*

Le Bailli, chaque jour, augmente sa tristesse.

COLIN.

Il afflige l'objet, qu'il me permit d'aimer.

COLETTE.

Terminés ses chagrins....

COLIN.

Couronnés sa tendresse;
Et nos cœurs n'auront plus de desirs à former.

GERMAIN.

Du dieu dont vous portés les chaînes
Il faut connaître les rigueurs;
Nous ne pouvons, que par nos peines
Juger du prix de ses faveurs.
Un bonheur qui n'a point d'orages,
N'offre que des biens imparfaits;

Si l'hiver était ſans nuages,
Le printems aurait moins d'attraits.

COLETTE *à Germain.*

Quand on voit toujours ce qu'on aime,
Les plus longs hivers ne ſont rien :
Chaque ſaiſon ſera la même,
Pour ſon amour, & pour le mien.

COLIN *à Germain.*

Lorſque la biſe & la froidure,
Viennent dépouiller nos jardins,
Votre âme en eſt-elle moins pure?
Vos jours en ſont-ils moins ſereins?

COLIN, COLETTE.

Quand on voit toujours ce qu'on aime,
Les plus longs hivers ne ſont rien :
Chaque ſaiſon ſera la même
Pour ſon amour, & pour le mien.

GERMAIN.

Du Bailli ſeul votre ſort doit dépendre,
La mort de vos parens vous mit en ſon pouvoir,

Et c'eſt de ſon aveu que vous devés attendre
Le moment d'un himen, qui flatte votre eſpoir.

(*à Colette.*)

Mais d'un fils, que j'aimais, tu reçus la lumière,

(*à Colin.*)

De ton père expirant je fermai la paupière,
Je partageai vos pleurs, à leurs derniers ſoûpirs,
Et mon âme toute entière
Vole au-devant de vos déſirs.

COLIN.

Ah! c'eſt en vous ſeul que j'eſpère,
Prenés pitié de nos tourmens!

COLETTE.

C'eſt vous qui nous ſervés de père,
Protégés vos triſtes enfans.

COLIN, COLETTE.	GERMAIN.
Ah! c'eſt en vous ſeul que j'eſpère,	Oui, je vous ſervirai de père,
Prenés pitié de nos tourmens.	Conſolés vous, mes chers enfans.
C'eſt vous qui nous ſervés de père,	Le Bailli ſera moins ſévère,
Protégés vos triſtes enfans.	Je mettrai fin à vos tourmens.

(COLETTE & COLIN ſe ſéparent avec peine; THÉRÈSE ſort de ſa chaumière, GERMAIN va au-devant d'elle. Les deux jeunes gens lui baiſent la main: COLIN s'en va, COLETTE rentre chés GERMAIN.)

SCÈNE SECONDE.

THÉRÈSE, GERMAIN.

GERMAIN.

VIENS t'asseoir avec moi, sous ce riant feuillage....
De ton amour, autrefois en ces lieux,
Le mien reçut le premier gage;
Et près de toi, dans ce bocage,
Tout s'unit pour me rendre heureux.

THÉRÈSE.

Tout ce que j'y vois me rappelle
L'instant où je fixai ton cœur:
Ainsi que moi, tendre & fidèle;
De mes jours tu fis la douceur,
Notre hymen, qui se renouvelle,
Me promet le même bonheur.

GERMAIN.

Dans cet asile solitaire,
La vertu forma nos liens,

Et

Et depuis cinquante ans, ma chère,
Tes désirs y règlent les miens,
Toujours t'aimer, toujours te plaire,
Voilà mes trésors & mes biens.

ENSEMBLE.

Comme autrefois, tendre & sincère,
Tous mes désirs seront les tiens;
Toujours t'aimer, toujours te plaire,
Voilà mes trésors & mes biens.

GERMAIN.

J'étais au printems de mon âge
Quand l'himen unit nos ardeurs,
Et de mon simple hermitage
L'amour & les plaisirs te firent les honneurs....

THÉRÈSE.

L'hiver a ses douceurs, partageons-les ensemble,
Et rendons grâce au ciel du nœud qui nous rassemble;
Vivons, pour l'en bénir, & lorsque le trépas

Viendra ſonner ma dernière heure,
Je mourrai, ſans regret, ſi je meurs dans tes
bras....
Tu pleures, Germain!...

GERMAIN.

Oui, je pleure.
Quand d'un himen, ſi cher, le cours eſt terminé,
Mon cœur, des deux époux, plaint celui qui demeure;
Celui qui perd le jour, eſt moins infortuné.

THÉRÈSE.

Éloigne, mon ami, cette cruelle image,
Et n'arroſe point de tes pleurs,
Le peu de fleurs,
Que l'inſtant, qui nous luit, ſéme ſur ton paſſage.

ENSEMBLE.

Jamais deux époux
Furent-ils plus heureux que nous?

Quelle yvresse !
Quel jour pour ma tendresse !
Tout le feu de ma jeunesse
Est prêt à se rallumer ;
Je tiens ta main, je la presse,
Je renais, pour mieux t'aimer.
Oui, l'amour, dans mon cœur,
Réveille sa douce flâme,
Le tien partage l'ardeur,
Que je puise dans ton âme,
Nœuds chéris ! nœuds pleins d'attraits !
Plaisirs purs & parfaits!
Non, non, jamais deux Époux
Ne furent plus heureux que nous :
Tout le feu de ma jeunesse
Est prêt à se rallumer,
Je tiens ta main, je la presse,
Je renais, pour mieux t'aimer.

(*Marche, sur laquelle le* SEIGNEUR *arrive, avec une partie de sa suite, le* BAILLI, *& les principaux Habitans de son village.*)

SCÈNE TROISIÉME.

Les mêmes, LE SEIGNEUR, LE BAILLI, SUITE.

LE SEIGNEUR *aux deux Époux.*

AVEC le tendre amour, l'himen d'intelligence,
L'un pour l'autre, aujourd'hui, vous conferve tous deux.
Ses faveurs font la récompenfe
Des Époux vertueux.
Dans ce féjour, où vous m'avés vu naître,
Le Ciel, pour mon bonheur, voulut vous raffembler;
Le deftin m'en a fait le maître,
J'aurais été digne de l'être,
Si j'avais pû vous reffembler.

GERMAIN.

L'excès de vos bontés nous réduit au silence.....
Vivés, à jamais, parmi nous,
Vous régnés par la bienfaisance,
Et l'on ne doit ici s'occuper que de vous.

SCÈNE QUATRIÉME.

Les mêmes, COLETTE, COLIN.

COLIN.

Ah ! pour entendre ma prière,
Daignés suspendre vos accens !

COLETTE.

De l'amante, la plus sincère,
Ecoutés les gémissemens.

LE SEIGNEUR.

Leur innocence m'intéresse.

LE BAILLI.

Non, non, vous espérés en vain.

THÉRÈSE, GERMAIN.

Cédés au désir qui les presse....

COLIN, COLETTE.

Unissés Colette & Colin.

LE SEIGNEUR, *aux deux Amans.*

Souvent aux bergers, qu'il engage,
L'amour prodigue ses douceurs.
L'himen, plus discret, & plus sage,
Veut qu'on mérite ses faveurs.

COLIN, COLETTE.

Mais.....

LE SEIGNEUR.

N'appréhendés point que je vous sois contraire....
Loin de vous allarmer, prenés part à nos jeux,
Et songés que si je différe
C'est pour vous rendre plus heureux.

(*Marche, sur laquelle les Nobles, les Bergers & les Bergères viennent saluer les vieux Époux.*)

SCÈNE CINQUIÉME.

Les ACTEURS *de la Scène précédente.*

NOBLES, BERGERS, BERGERES.

THÉRÈSE.

L'AMOUR nous fixa dans ces bois,
Nous y ſuivons ſes douces loix;
Ce dieu prolonge ma jeuneſſe,
En conſervant à ma vieilleſſe
L'objet chéri, dont mon cœur a fait choix.
Près de l'époux que j'aime,
Mon âme eſt toujours ſans chagrin,
Et mon bonheur toujours le même.
Un ſommeil pur, un réveil ſerein,
De beaux matins, des ſoirs ſans nuage,
Tel fut en tous les temps, le deſtin
Du nœud fortuné qui nous engage.

L'Amour nous fixa &c....

Sans regret, j'ai vu paſſer l'âge,
Dont le plaiſir embellit les momens ;
Dans mon hermitage,
Tout me dédommage
Des beaux jours de mon printems :
Même prévenance,
Mêmes ſoins, même conſtance,
De deux époux font deux amans.

L'Amour nous fixa &c...

(*On danſe.*)

GERMAIN.

Ainſi qu'au village,
Aimés ſans partage,
Aimés comme nous,
Chaque jour pour vous,
Sera le préſage
Des biens les plus doux.
Fuyez le parjure,
Suivés la nature,
Goutés le vrai bonheur,
Nous le cherchons bien loin, il eſt dans
notre cœur.

CHŒUR.

Ainsi qu'au &c....

GERMAIN.

Jamais de contrainte,
La moindre feinte
Nous conduit à la froideur:
De nos tendresses,
De nos caresses,
L'innocence & la candeur
Font la douceur.

CHŒUR.

Ainsi qu'au &c....

(*Danse après laquelle le Seigneur donne la main à Thérèse & l'emmene, accompagné de toute la suite.*)

Fin du second Acte.

ACTE III.

Le Théâtre repréſente une avant-cour plantée d'arbres ; le fond eſt terminé par le Château du Seigneur.

SCÈNE PREMIÈRE.

COLETTE, *ſeul.*

NON, rien ne ſaurait me diſtraire ;
La fête qu'on prépare, augmente mon chagrin :
Germain me plaint, veut que j'eſpere,
Et je ne vois pas Colin !
Bailli, méchant Bailli, de mon Berger fidèle,
Pourquoi m'éloigner chaque jour !

Sépare-t-on la tourterelle
De l'objet de ſon amour!

(COLIN *paraît*, *apperçoit* COLETTE, *& court au-devant d'elle* : COLETTE *en fait autant.*)

SCÈNE SECONDE.

COLETTE, COLIN.

COLETTE.

Ah Colin!

COLIN.

Ma chère Colette!...
Qui peut augmenter ta douleur?....

COLETTE.

Tu connais le Bailli....

COLIN.

Cesse d'être inquiéte,
Monseigneur est trop bon pour affliger ton cœur.....
Mais d'où vient que le mien palpite
Si-tôt que je suis près de toi?....

COLETTE.

D'où naît le trouble qui m'agite,
Dès l'inſtant que je te revoi ?

COLIN.

Lorſque j'étais dans l'enfance,
Je t'aimais plus tranquilement.

COLETTE.

J'avais moins d'impatience,
Quand tu me quitais un moment.

COLIN.

Le long du jour, ſous la coudréte,
Tout me ſervait d'amuſement;
Une fleur, une chanſonnéte,
Me rendaient joyeux & content.
Mais à préſent c'eſt autre choſe;
Je ſoupire, & ne ſais pourquoi....
L'amour en eſt-il donc la cauſe?
Si tu le ſais, aprends-le moi.

COLETTE.

Tu me pourſuivais ſur l'herbéte,
Je m'amuſais avec ton chien ;
J'ornais ton chapeau, ta houléte,
Et je ne deſirais plus rien.
Mais à préſent c'eſt autre choſe,
Je ſoupire & ne ſais pourquoi.
L'amour en eſt-il donc la cauſe ?
Si tu le ſais, aprends-le moi.

ENSEMBLE.

Je ſoupire, & ne ſais pourquoi,
L'amour en eſt-il donc la cauſe ?
Si tu le ſais aprends le moi.

COLIN.

Ah ! ma Colette ! ma Bergere !
Laiſſe-moi prendre ta main.

COLETTE, *donnant ſa main.*

Thérèſe, dans notre chaumière,
Donne la ſienne à Germain.

COLIN.

Je ſens augmenter mon trouble.....

(*Le* SEIGNEUR *arrive & les examine, ſans en être vû.*)

COLETTE.

Malgré moi, le mien redouble....
Colin, Colin, c'eſt le baiſer,
J'aurais dû te le refuſer.

COLIN.

Me le refuſer, ma chère!

COLETTE.

Oui je le crois.... que veux-tu faire?

COLIN.

La baiſer une fois encor....

COLETTE.

Tu vas ſouffrir....

COLIN.

C'eſt un tourment qui fait plaiſir.....

SCÈNE TROISIÉME.

Les mêmes, LE SEIGNEUR.

LE SEIGNEUR.

Souffrés, mes chers enfans, souffrés toujours de même...

COLETTE, *avec embarras.*

Colin....

LE SEIGNEUR.

Pourquoi rougir! Ces baisers sont si doux.

COLIN.

Le Bailli les défend....

LE SEIGNEUR, *à Colette.*

Sa rigueur est extrême,
Et moi ... je vous permets d'embrasser votre Epoux.

COLETTE.

J'obéis....

COLIN, COLETTE, *timidement.*

Mais à quoi faut-il donc nous attendre?....

LE SEIGNEUR, *à Colette.*

Je voulais différer.... & sa main est à vous.

COLIN, COLETTE.

Oh! ciel!

LE SEIGNEUR.

Du nœud qui vous rassemble,
Goutés à jamais,
Les attraits:
Aimés-vous, partagés ensemble,
Votre bonheur, & mes bienfaits.

COLIN, COLETTE.	LE SEIGNEUR.
Du nœud qui nous rassemble, Goutons, à jamais, Les attraits: Aimons-nous, partageons ensemble. Notre bonheur, & ses bienfaits.	Du nœud qui vous rassemble, Goutés à jamais, Les attraits. Aimés-vous, partagés ensemble. Votre bonheur & mes bienfaits.

(On entend un prélude.)

LE SEIGNEUR.

On va commencer la fête :
Sur Thérèse, & Germain, ayés toujours les yeux :
Puisse le sentiment, qui les rendit heureux,
Vous conduire à l'hymen, que ma main vous apprête.

(*On entend une marche, au son de laquelle arrive le* BAILLI, *qui conduit* THÉRÈSE & GERMAIN ; *suivent les Vieilles & les Vieillards, les Jeunes Gens, & les Jeunes Filles du village. Les hommes ont la cocarde au chapeau, & à la boutonnière, un bouquet attaché avec des rubans. Les jeunes & les vieilles ont la même parure : en arrivant, on chante le chœur suivant.*)

SCÈNE QUATRIÉME.

Les ACTEURS *de la Scène précédente.*

THÉRÈSE, GERMAIN, LE BAILLI, VIEILLES, VIEILLARDS, JEUNES GARÇONS, JEUNES FILLES.

CHŒUR.

TENDRES époux,
Tous nos cœurs s'unissent à vous :
Couple fidèle ;
De notre zèle,
Agréés les voeux les plus doux.

COLIN, COLETTE, *aux deux époux.*

Nos souhaits sont remplis.....

LE SEIGNEUR, *au Bailli.*

Je n'ai pu m'en défendre.

THÉRÈSE, GERMAIN.

Vous unissés Colette à l'Amant le plus tendre.
Je n'ai plus de vœux à former.

LE BAILLI, *aux jeunes Amans.*

Oubliés les chagrins, que j'ai voulu vous faire,
A vos désirs, si j'ai paru contraire,
C'était pour mieux vous enflammer.

LE SEIGNEUR.

Du nœud charmant qui vous engage,
Chantés, célébrés les douceurs.
Au Dieu qui regne sur vos cœurs,
Offrés un éternel hommage.

LES QUATRE EPOUX.	LE SEIGNEUR, LE BAILLI.
Du nœud charmant qui nous engage,	Du nœud charmant qui vous engage,
Chantons, célébrons les douceurs.	Chantés, célébrés les douceurs.
Au Dieu, qui règne sur nos cœurs	Au Dieu, qui règne sur vos cœurs,
Offrons un éternel hommage	Offrés un éternel hommage.

LE BAILLI, *aux vieux Epoux.*

Il applaudit à vos tendres ardeurs,
Vous comble encor des dons les plus flatteurs,
Les vrais Amans ignorent ses rigueurs.

LE SEIGNEUR, *aux Jeunes.*

Il ne s'enfuit point avec l'âge,
Berger fidèle, épouse sage
Ont toujours droit à ses faveurs.

GERMAIN, THÉRÈSE.

Tes vertus & ton innocence
De mon cœur nourirent la constance.

COLIN, COLETTE.

Que tes vertus ton innocence
Nourissent toujours ma constance.

GERMAIN.

Rien ne manque plus à nos vœux.

THÉRÈSE.

Je lis mon bonheur dans tes yeux.

GERMAIN.

Il ſera pur comme nos feux.

LES QUATRE EPOUX.	LE SEIGNEUR, LE BAILLI.
Du nœud charmant qui nous engage,	Du nœud charmant qui vous engage,
Chantons, célébrons les douceurs.	Chantés, célébrés les douceurs.
Au Dieu qui règne ſur nos cœurs,	Au dieu qui regne ſur vos cœurs,
Offrons un éternel hommage.	Offrés un éternel hommage.

(On danſe.)

(Les enfans du Seigneur arrivent à la tête des nobles & apportent la couronne du mariage que le Seigneur préſente à Thérèſe).

SCÈNE CINQUIÉME *&* *derniere.*

Les mêmes, LES NOBLES.

LE SEIGNEUR, *à Thérèse.*

Au printems de votre âge,
La couronne du mariage
Vous fut offerte par l'amour,
Au gré de vos désirs, l'himen qui vous engage,
Fait renaître cet heureux jour;
Au gré de vos désirs encore,
Puisse l'Époux qui vous adore
Vous en annoncer le retour.

CHŒUR.

Au Printems, &c.

(On danse.)

GERMAIN.

Vieillesse cruelle
Flétrit nos beaux jours;
Amitié fidèlle,
Prolonge leur cours.

L'amour, l'amour passe,
Mais de son plaisir
Jamais ne s'efface
Le doux souvenir,
Un rien le rappelle,
Et dans tous les tems,
Amitié fidèlle,
Souvenirs présens,
Sont, mes chers enfans,
Volupté nouvelle
Pour les vieux Amans.

(*On danse.*)

THÉRÈSE.

Vaine opulence,
Que l'on encense,
Honneurs, grandeurs, vous n'êtes rien pour nous :
L'heureux délire,
Qu'amour inspire,
Est le seul bien, dont nos cœurs sont jaloux.

ENSEMBLE.

Vaine opulence, &c.

THÉRÈSE.

L'inſtant qui luit pour nos Epoux;
Eſt ſans nuage;
Le ciel pour nous,
N'a point d'orage;
Sur le rivage,
Loin du naufrage,
De tous les vents on brave le couroux.

THÉRÈSE.	GERMAIN.
Vaine opulence,	Riches palais, vaine opulence,
Que l'on encenſe	Biens ſuperflus que l'on encenſe,
Honneurs, grandeurs, vous n'êtes rien pour nous :	Honneurs, grandeurs vous n'êtes rien pour nous:
L'heureux délire	Tendre Amour, le charmant délire
Qu'amour inſpire,	Que la volupté nous inſpire,
Eſt le ſeul bien, dont nos cœurs ſont jaloux.	Eſt le ſeul bien, dont nos cœurs ſont jaloux.

ENSEMBLE.

Vaine opulence, &c.

(*On danſe.*)

FIN.

www.ingramcontent.com/pod-product-compliance
Ingram Content Group UK Ltd.
Pitfield, Milton Keynes, MK11 3LW, UK
UKHW021949260726
13994UKWH00004B/1630

9 782329 388700